A. Sieber

# Richtig Blatten auf den roten Bock



verlag dieter hoffmann

2. Auflage Juli 1984

3. Auflage Mai 1987

4. Auflage April 1993


55129 Mainz
ISBN 3 87341-046-X
Entwurf Umschlag und Cassette: M. Grosu
Foto: H. Reinhard
Gesamtherstellung:
Druckwerkstätten Dieter Hoffmann GmbH
55129 Mainz

# Inhalt

| | Seite |
|---|---|
| Die Rehbrunft – Blatten auf den roten Bock | 5 |
| Auswirkung des Nahrungsangebotes auf Geburt und Brunft | 8 |
| Verhalten und Brunfttermin von Schmalrehen | 10 |
| Verhalten und Brunfttermin von Ricken | 12 |
| Mehrmalige Brunft und Herbstbrunft | 16 |
| Einstandskämpfe und Verletzungen | 18 |
| Verhalten der Jungböcke | 19 |
| Verhalten der älteren Böcke | 21 |
| Springbereitschaft und Einflüsse auf den Blatterfolg | 24 |
| Springerfolge von 1972–1983 | 26 |
| Vorbereitung und Ausrüstung zum Blatten | 35 |
| Auswahl und Festlegung der Blattstände | 38 |
| Lautäußerungen beim Rehwild | 44 |
| Beginn und Ende der Blattzeit | 47 |
| Blattinstrumente | 50 |
| Blatten auf dem Stand | 52 |
| Beispiele aus der Blattjagd | 61 |
| Besondere atmosphärische Erscheinungen | 66 |
| Literaturangaben | 68 |

# Die Rehbrunft
# Blatten auf den roten Bock

Die Blattjagd auf den roten Bock bringt dem geübten Jäger das höchste jagdliche Erlebnis bei der Bockjagd. Nachdem es außerhalb der Brunftzeit keiner großen Erfahrung bedarf, einen Bock von der Ansitzleiter aus zu erlegen, sollten aktive Rehwildjäger mehr und mehr die Brunftjagd praktizieren.

Der Erfolg bei der Brunftjagd hängt von vielen Einflüssen und Faktoren, verschiedenen Verhaltensregeln, sowie gewissen jagdpraktischen und ruftechnischen Kenntnissen ab. Umso mehr müßte es aber für den aktiven Jäger von Interesse sein, weitgehend hinter das „Geheimnis des Brunftgeschehens“ und damit auch zum jagdlichen Erfolg zu kommen, gleichgültig, ob dies dann zu einem Abschuß oder „nur“ zu einer Bestandesbeobachtung führt.

Den Ausführungen sind teilweise die bis heute vorliegenden Forschungsergebnisse verschiedener Jagdwissenschaftler zu Grunde gelegt. Die eigenen Erkenntnisse stützen sich auf über 30jährige Forschungen und Erfahrungen bei der Brunftjagd. Diese wurden im wesentlichen auf der Schwäbischen Alb (Höhenlage 500–700 m, Geolog. Formation

Weiß-Jura epsilon) in gemischten Laub-Nadelholzrevieren, bei einer mittelgroßen Waldparzellierung mit meist vorhandenem Wiesen- und Feldanschluß gewonnen. Auch Erfahrungen aus dem Württ. Unterland (Höhenlage 200–400 m, Geolog. Formation Keuper und Muschelkalk) wurden mit einbezogen.

Die dargelegten wissenschaftlichen und jagdpraktischen Erkenntnisse sind sicher noch nicht auf einem absoluten „Endstand“ angelangt. Sie erheben auch nicht den Anspruch, die durch die verschiedenartigen Gebietsunterschiede eines Landes gegebenen Variationsmöglichkeiten im Brunftgeschehen durchweg zu erfassen, sie sollen aber dem lernenden Brunftjäger gewisse grundsätzliche Leitlinien geben, um vermeidbare Mißerfolge zu umgehen und auch dem bereits bei der Blattjagd erfahrenen Jäger evtl. zusätzliche Hinweise geben, um damit die Blattjagd zu einem höchstmöglichen jagdlichen Erlebnis werden zu lassen. Selbst der erfahrene Blattjäger wird aber erkennen müssen, daß er bei der Blattjagd so wenig auslernt wie beim Schachspiel.

Oft werden Jäger bereits Tage oder Wochen zuvor auf einen festgesetzten Tag zu einer bestimmten Stunde vom Revierinhaber zur Brunft eingeladen und gehen erfolglos und enttäuscht nach Hause, ohne sich bewußt zu sein, daß vielleicht sie selbst durch ihr Fehlverhalten, oder der Jagdherr mit der Planung und Einweisung, oder auch die am Jagdtag herrschenden Witterungsverhältnisse an einem Mißerfolg die Schuld tragen. Die nachfolgenden Ausführungen sollen auch zeigen, daß Jagdtermine zur Brunft eben nicht beliebig und willkürlich festgesetzt werden können und gewisse Grundkenntnisse und die Einhaltung gewisser „Spielregeln“ die Voraussetzungen für einen erwünschten Erfolg sind.

# Auswirkung des Nahrungsangebotes auf Geburt und Brunft

Das im einzelnen Revier unterschiedlich vorhandene Nahrungsangebot ist im Zusammenhang mit der vorhandenen Wilddichte für die Konstitution des Rehwildes ausschlaggebend. Das äsungskritische Rehwild sucht seinen Nahrungsbedarf aus leicht verdaulichen und möglichst energiereichen Pflanzen zu decken (Eisfeld, Ellenberg). Je vielfältiger das energiereiche Nahrungsangebot im Herbst ist, umso besser und schneller wird der durch die Brunftzeit entstandene Energie- und Gewichtsverlust aufgeholt und umso stärker erfolgt die Einlagerung einer Fettreserve für die äsungsarmen Wintermonate. Steht dem Rehwild bis zum Winterbeginn im Nov./Dez. keine nach Menge, Verdaulichkeit und Energiegehalt ausreichende Nahrung zur Verfügung, können Fettreserven auch durch umfangreiche Fütterung von Kraftfutter nicht mehr angelegt werden. Das Rehwild setzt ab diesem Zeitpunkt den Stoffwechsel erheblich zurück und ist daher nicht mehr in der Lage, Reserven anzulegen.

Mit Reserven durch den Winter gekommene

Stücke werden im Frühjahr mit besserer Kondition in den Vegetationsbeginn hineingehen als solche, denen keine biologische Herbstmast zur Verfügung stand. Die **Konstitution** des Rehwildes im Frühjahr, sowie der Grad des qualitativen Nahrungsangebotes im Mai bestimmen aber bei Ricken die Dauer der Tragezeit, d. h. den Zeitpunkt der **Geburt** und damit auch der **Brunft** (Ellenberg). Weil der Vegetationsbeginn im Mai außerdem von Temperatur und Höhenlage des einzelnen Wuchsgebietes abhängig ist, wird auch dies entsprechende Verschiebungen des Zeitpunktes von Geburt und Brunftbeginn zur Folge haben. So wird z. B. ein Revier in einer Höhenlage unter 500 m NN mit überwiegendem Laubholzanteil einen um 1–2 Wochen früheren Geburts- und Brunfttermin bei Ricken (und Schmalrehen) aufweisen als ein Revier, das zwischen 500–1000 m NN liegt und zudem einen überwiegenden Nadelholzanteil mit wenig Feld- oder Wiesenanschluß hat. Natürlich können in Höhenlagen über 500 m auch Teilstandorte (bes. Süd- und Westhänge mit Laubholz) vorhanden sein, die ein ähnliches frühzeitiges Nahrungsangebot aufweisen wie niedergelegenere Laubholzreviere. Dadurch werden auch die dort stehenden Ricken (und Schmalrehe) früher setzen und brunftig werden als ihre Artgenossen in gleichen Höhenlagen.

# Verhalten und Brunfttermin von Schmalrehen

Bei Schmalrehen hat Ellenberg auch im Versuchsrevier Stammham festgestellt, daß deren Brunfttermin von der vor der Brunft vorhandenen Konstitution abhängt. So brunfteten Schmalrehe mit einem Lebendgewicht zwischen 20–22 kg (aufgebrochen ca. 16–18 kg) bereits zwischen dem 15. und 24. Juli, während geringe Schmalrehe mit Lebendgewichten zwischen 16 und 18 kg (aufgebrochen ca. 12–14 kg) erst zwischen dem 5. und 15. August in die Brunft kamen. Schwerere Schmalrehe brunften also früher als leichtere. Schmalrehe unter einem Lebendgewicht von 16 kg (aufgebrochen ca. 12 kg) brunfteten im Versuchsrevier nicht, auch wurde festgestellt, daß derartige Mindergewichte im folgenden Jahr meist nicht brunftig wurden und damit für die Reproduktionsrate ausfallen. Diese Tatsache erklärt sicher auch manchem Revierinhaber, warum sich ein im Spätherbst als vermeintliches weibliches Kitz geschossenes Stück nach näherer Feststellung als geringes Schmalreh mit 2teiligem dritten Prämolar herausstellt.

Der Brunftablauf zwischen Bock und Schmalreh ist in der Regel intensiver und länger andauernd als bei Ricken. Tage vor einem befruchtungsfähigen Beschlag lösen erste Hormonwellen bereits sexuelles Verhalten und attraktiven Geruch (beim Schaf und wahrscheinlich auch analog) beim Schmalreh aus (Ellenberg). Ab diesem Zeitpunkt beginnt ein heftiges Treiben mit allen typischen Erscheinungen und Scheinbeschlägen, die letzten Endes zu einer Eireife führen und den befruchtenden „Eisprung“ ermöglichen.

F. Kurt hat auch in der Schweiz festgestellt, daß sich Schmalrehe während der Setzzeit und Brunft ihrer Mütter vorübergehend von diesen trennen. Manche kehren nach erfolgtem Beschlag bald in den Sprung zu ihrer Sippe zurück, andere gehen oft mit mittelalten Böcken (nicht mit Territorial- oder Jährlingsböcken) eine „Ehe auf Zeit“ ein. Diese Paare können dann über die gesamte Brunft hinweg abseits beisammen stehen und so auch bis zum kommenden Frühjahr verbleiben.

# Verhalten und Brunfttermin von Ricken

Auch bei Ricken wurden im Versuchsrevier Stammham individuell unterschiedliche Brunfttermine festgestellt. Der **gemittelte Brunfttermin** lag bei 67 Tagen nach dem jeweiligen Setztermin. Wie bei den Schmalrehen konnte aber auch festgestellt werden, daß Ricken in guter Konstitution früher brunften als solche, die durch nicht ausreichende biologische Herbstmast und vor allem auch durch eine Überbeanspruchung der Milchquelle geschwächt in die Brunft kommen. Die Brunfttermine bei Ricken können daher – je nach individueller Konstitution – zwischen dem 15. Juli und 15. August streuen. Brunftbeobachtungen außerhalb dieses Zeitraumes sind Ausnahmeerscheinungen.

Ausnahmeerscheinungen **für frühe Brunfttermine** können auch mittelalte oder junge Rikken in sehr guter Konstitution (d. h. mit einem dem Wuchsbezirk entsprechenden sehr guten Körpergewicht) sein, die nur noch 1 Kitz oder kein Kitz mehr führen, weil sie dieses durch Totgeburt, Unfall oder Raubwild frühzeitig verloren haben.

Ausnahmeerscheinungen **für späte Brunfttermine** können sehr alte Ricken, oder Ricken (und Schmalrehe) mit einem für den Wuchsbezirk relativ geringen Körpergewicht sein, vor allem, wenn diese noch 1 oder gar 2 Kitze mit Milch zu versorgen haben. Auch weibliche Rehe, die durch Parasitenbefall im Körpergewicht abfallen, brunften später.

Aus den vorstehenden Darstellungen geht hervor, daß die bei der Jagdpraxis bisher verbreitete Meinung „Schmalrehe brunften zuerst, danach erst die Ricken", nach den heute vorliegenden wissenschaftlichen Erkenntnissen nicht mehr haltbar ist. Die Darstellungen zeigen, daß sehr verschiedenfache Ursachen den Zeitpunkt des Brunfteintritts bei Schmalrehen und Ricken bestimmen. Daraus kann wiederum geschlossen und bewiesen werden, daß sich über die gesamte Brunftzeit hinweg (i. allg. vom 15. 7.–15. 8.) in einem Revier gleichzeitig abgebrunftete, brunftende und noch zur Brunft anstehende weibliche Rehe befinden. Der Brunftzustand der weiblichen Rehe bestimmt u. a. aber auch die positive oder negative Reaktion der Böcke beim Blatten und ist daher für den jeweiligen Blatterfolg von ausschlaggebender Bedeutung.

**Tragende und führende Ricken** verteidigen ihr Setzgebiet vor allem gegenüber fremden Ricken und Schmalrehen und markieren dieses oft auch durch Urin. Auch Böcke werden in achtbarer Entfernung gehalten. Steht die Ricke dann aber kurz vor dem Brunfttermin, stellt dies der „Platzbock“ oder ein „Sucher“ durch den dann einsetzenden spezifischen Uringeruch fest und wird in diesem Stadium dann auch zur Begleitung der Ricke zugelassen. Zur Überwachung und zum Schutz der Kitze tut sich die führende Ricke während ihrer Äsungspausen in Hörweite, aber meist in höherer Deckung nieder, um den Kitzen jederzeit zu Hilfe eilen zu können. Durch den Kitzruf kann es gelingen, daß die Ricke den bei ihr stehenden Bock nachzieht.

Der **Paarungsablauf** bei führenden Ricken dauert in der Regel nur wenige Stunden und ist – im Gegensatz zum Paarungsablauf bei Schmalrehen – oft mit wenigen Beschlägen beendet, ohne daß das bekannte langandauernde Brunfttreiben mit „Hexenringen“, Beschlagversuchen etc. stattfindet. A. v. Bayern beschreibt verschiedenfach, wie Ricken, selbst im Beisein ihrer Kitze, nach kurzem Prozeß beschlagen wurden und damit die Brunft wahrscheinlich für sie beendet war. Diese Ricken widmen sich dann anscheinend nur noch der Aufzucht ihrer Kitze und der Beherrschung ihres Äsungsreviers. Die kurzen Brunftvorgänge dürften auch manchem Revierinhaber, der einen Überhang an führenden Ricken hat, erklären, warum er keinen oder nur wenig Brunftbetrieb während der Brunftzeit feststellen kann. Oft wird auch am Ende der Brunftzeit in der Revierpraxis darüber gerätselt, ob und wann die Brunft überhaupt stattgefunden hat. Den Beweis über einen doch erfolgten Beschlag liefern dann aber jeweils im nächsten Jahr die beschlagenen und wiederum führenden Ricken.

Die Feststellung von Ellenberg im Rehgatter Stammham, daß die Konstitution der Ricken (und Schmalrehe) die Setztermine und damit auch die Brunfttermine bestimmt, hat sich in vergangenen Jahren (z. B. 1976 u. 1983) auch in der freien Wildbahn bestätigt. Durch die im Herbst 1982 in Gebieten mit Laubholzanteil vorhandene Eichen- und Buchen-Vollmast (biolog. Herbstmast), sowie durch den milden Winter 1982/83, kam das Rehwild mit sehr gutem Feistvorrat durch den Winter und dadurch auch ungeschwächt in das Frühjahr hinein. Das Frühjahr 1983 hatte zudem bei einer frühzeitigen phänologischen Entwicklung der Pflanzendecke ein qualitativ gutes Nahrungsangebot. Diese günstigen Voraussetzungen dürften dann auch die relativ frühen Setztermine bei Ricken und die ebenfalls um 8–10 Tage früheren Brunfttermine bei Ricken und Schmalrehen bewirkt haben. Damit ist auch zu erklären, warum die Brunft 1983 um die entsprechende Zeitspanne, d. h. um 8–10 Tage früher abgebrochen ist.

# Mehrmalige Brunft und „Herbstbrunft“

Die Jagdpraxis stellt verschiedenfach vereinzeltes Brunftverhalten bereits Anfang Juli (oder noch früher) fest, wobei ein ähnliches Verhalten wie bei der echten Brunft bei Bock und weiblichem Reh zu beobachten ist. Teilweise erfolgen auch Beschlagversuche, die aber nicht zur Befruchtung führen (wie Ellenberg an wenigen Einzelstücken in Stammham nachweist). Angeblich ist in diesen Fällen wohl ein Brunftgeruch beim weiblichen Stück vorhanden, zum Eisprung reicht dieses Brunftstadium jedoch noch nicht aus, so daß zu diesem Zeitpunkt das weibliche Reh instinktiv auch noch nicht „steht“. Derartige weibliche Rehe kamen in Stammham zu einer **2. Brunft** (vermutlich echten Brunft), die aber in einem Streurahmen zwischen 8 - 32 Tagen nach der **„ersten Brunft“** lag. Jedenfalls kann nach den heutigen Erkenntnissen festgehalten werden, daß ein Brunftverhalten vor dem 15. Juli im allgemeinen für die Befruchtung keine Rolle spielt, für einen Erfolg beim Blatten jedoch von Bedeutung sein kann.

Ein **„Herbstbrunftverhalten“** wird von der Jagdpraxis nur sehr selten beobachtet. In Stammham wurden im Oktober Ricken und

Böcke, alle in guter Kondition, in einem Gatter von 75 ha zusammengeführt, mit dem Ergebnis, daß keine Befruchtung stattfand. Obwohl verschiedene Wissenschaftler bei Böcken noch befruchtungsfähige Spermien im Spätherbst nachgewiesen haben, wird eine Zeugungsfähigkeit um diese Zeit in Frage gestellt. Die sogenannte Herbstbrunft dürfte damit für die Vermehrungsquote des Rehwildes in Mitteleuropa ohne Bedeutung sein, dagegen kann sie in Südeuropa möglicherweise eine gewisse Rolle spielen.

# Einstandskämpfe und Verletzungen

Kämpfe zwischen Bastböcken finden selten statt. Wenn sie sich begegnen, zeigen sie meist nur gegenseitige drohende Haltungen. Sobald im Frühjahr die Gehörne verfegt sind, steigt die Kampflust, die nicht etwa in der Brunft, sondern bereits vorher und zwar z. Zt. der Einstandskämpfe ihren Höhepunkt erreicht, aber immer noch andauert, bis die Stärkeverhältnisse in den jeweiligen Einständen geklärt sind. Je mehr sich Böcke im Alter, in Gewichts- und Gehörnstärke gleichen, d. h. ranggleich sind, umso heftiger kann sich ein Kampf gestalten. Bei Begegnungen von Böcken mit unterschiedlicher Stärke flieht meist der Schwächere, ohne sich auf einen Kampf einzulassen und die Gefahr einer Verletzung einzugehen. Tödliche Forkelverletzungen können erfolgen, wenn der Unterlegene vom Sieger verfolgt wird und dabei seitliche Forkelstiche in die inneren Organe erhält. Auch ältere Spießer (zurecht „Mörder" genannt) sind für Böcke mit Vereckung eine Gefahr. Durchstiche der Schädeldecke, Einstiche in die Lichter oder den Träger sind oft auf lange Spießergehörne zurückzuführen. Ältere Spießer zählen daher zu den Abschußböcken.

# Verhalten der Jungböcke

Viele junge Böcke wandern aus (Ellenberg), wobei es sich im wesentlichen um **konditionsstarke Jungböcke** handeln dürfte, die dem territorialen Bock Widerpart bieten und daher in seinem beherrschten Einstandsgebiet von ihm nicht geduldet werden. Dies erklärt auch der Jagdpraxis die Feststellung, daß im Körpergewicht und Gehörn gut veranlagte Jungböcke (1–3jährige) oft im Folgejahr aus dem Gebiet „verschwunden“ sind. Wie weit sich nun diese Jungböcke vom Einstandsgebiet ihrer Mutter (oder ihrer Sippe) entfernen, hängt sicher zunächst von der vorhandenen Bock-Bestandesdichte, aber auch von vorhandenen „Freiräumen“ und einer dort vorhandenen Äsungsqualität ab. F. Kurt ist der Ansicht, daß die Abwanderung maximal 3 km beträgt, wobei er nicht ausschließt, daß diese Böcke später wieder in ihren ursprünglichen „Wohnraum“ zurückkehren. Andere Wissenschaftler berichten aber in Einzelfällen von Auswanderungen mit weit höheren Entfernungen.

**Konditionsschwache Jungböcke** werden vom Territorialbock meist in seiner Umgebung geduldet und können daher – selbst in der Brunft – von der Jagdpraxis als Zuschauer im

Bereich des treibenden Territorialbocks gesehen werden, zum erfolgreichen Beschlag kommen sie allerdings selten (z. B. wenn der Territorialbock abgeschossen wurde).

Beide Entwicklungsarten, sowohl die Konditionsstarken wie auch die Konditionsschwachen, können in der Brunft zeitweise als **„Sucher"** mit mehr oder weniger großem Aktionsradius auftreten und reagieren als unbeweibte Einzelgänger relativ leicht auf den Fiepton des Jägers. Dabei stehen sie oft harmlos bis auf wenige Meter zu, teilweise versuchen sie aber auch aus achtbarer Entfernung, aus der Deckung heraus, den vermeintlichen Brunftvorgang zu beobachten, ziehen dann aber geräuschlos ab, sobald sie kein brunftiges Reh oder kein Brunfttreiben festgestellt haben.

# Verhalten der älteren Böcke

Zum Beschlag kommen fast ausschließlich **territoriale Böcke** (Ellenberg). Bei 89 Beobachtungen wurden im Rehgatter Stammham beim aktiven Treiben lediglich 3 nicht-territoriale Böcke festgestellt. In 86 Fällen waren ausschließlich territoriale Böcke beteiligt. Dieser sehr hohe Prozentsatz könnte evtl. auf Gatterverhältnisse zurückgeführt werden. Beobachtungen in der freien Wildbahn haben aber auch eine außerordentlich hohe Beteiligung der territorialen Böcke ergeben.

Ob ein Bock zum Territorialbock (Platzbock) werden kann, hängt im wesentlichen von seiner körperlichen Konstitution sowie von der örtlichen Bock-Bestandesdichte ab. Seine Gehörnstärke ist dabei nicht entscheidend, obwohl diese oft auch in engem Zusammenhang mit dem Körpergewicht steht. Aber nicht nur alte, sondern auch konditionsstarke jüngere Böcke (2–3jähr.) können als Territorialböcke auftreten. Das vom Territorialbock beanspruchte Gebiet ist von unterschiedlicher Größe und schwankt in Waldbiotopen (nach A. v. Bayern u. Ellenberg) zwischen 8–30 ha. Die Größe ist weitgehend von der Nahrungsqualität des betreffenden Gebietes abhängig. Es wird von ihm durch intensives Plätzen und Fegen deutlich markiert (wobei Sekrete von Duftdrüsen abgestreift werden). Dies ist bereits Wochen vor der Brunftzeit ein brauchbares Hilfsmittel zur Festlegung von erfolgversprechenden Blattständen. Nicht-territoriale Böcke beachten meist die markierten „Abgrenzungen", andernfalls werden sie bereits frühzeitig aus dem Einstand getrieben. Sie plätzen und fegen außerhalb der beherrschten Territorien, allerdings weniger intensiv. Sie sind es aber, die in der Brunftzeit als „Sucher" oder „Vertriebene" beim Blatten in nicht oder wenig markierten Gebieten überraschend auftreten können. In dieser Zeit haben sie einen relativ großen Aktionsradius.

Der Territorialbock duldet in seinem Einstandsgebiet vor beziehungsweise während der Brunft höchstens tragende oder führende Ricken sowie Schmalrehe, in Ausnahmefällen auch konditionsschwache Jungböcke, die dann aber meist zu seiner „Sippe" gehören. **Alte Böcke** (ab 5 Jahre aufwärts) treten in der gesamten übrigen Jahreszeit meist ohne weibliche Begleitung auf und können vom Jäger schon daran auf ihre Altersstufe eingeschätzt werden. Diese Altböcke führen nur ausnahmsweise eine ältere, nicht führende Ricke (auch Geltricke) mit sich, die dem Bock durch ihre Erfahrung im wesentlichen zur Bewachung dient und nicht als „Äsungskonkurrent" von ihm betrachtet wird. Wie beim übrigen Rehwild kann sich auch der für die Brunft erkämpfte Einstand des Territorialbocks nach der Brunft verschieben. Ob und wie weit ein „Platzwechsel" stattfindet, hängt hauptsächlich von günstigen bzw. ungünstigen Biotop- und Habitatverhältnissen des Gebietes ab.

Ellenberg hat in Stammham festgestellt, daß ein weibliches Reh für den Bock selten länger als zwei Tage „interessant riecht" und nur innerhalb dieser Zeit den Beschlag zuläßt. Ob der Bock nun Tage vor dem Beschlag bereits beim weiblichen Stück steht und danach auch noch verbleibt, wird im wesentlichen vom örtlich vorhandenen Geschlechterverhältnis, von der Konstitution des betreffenden Bockes, sowie von den in seiner Umgebung etwa vorhandenen brunftigen Stücken abhängen. Die Möglichkeit, daß ein Bock nach erfolgtem Beschlag selbst bis zum kommenden Frühjahr beim weiblichen Stück (d. h. beim Schmalreh, nicht aber bei der führenden Ricke) verbleibt, wurde bereits früher erwähnt.

# Springbereitschaft und Einflüsse auf den Blatterfolg

Als **günstige Voraussetzungen** für die Springbereitschaft der Böcke sind im allgemeinen anzuführen:

1) Tagestemperaturen zwischen 10–22°, genügende Nachtabkühlung und Taubildung.

2) Tageszeiten von Sonnenaufgang bis ca. 8 Uhr, von 10–12 Uhr und von 16 Uhr bis 1 Stunde vor Sonnenuntergang.

3) Nach längerer Regenperiode oder nach Gewitterregen.

4) Schwacher Wind mit konstanter Richtung.

5) Eine geräuschfreie oder mindestens geräuscharme Situation am Blattplatz.

6) Ebene, oder nicht stark geneigte Waldflächen mit wechselnden Kultur-, Stangenholz- und Altholzbeständen.

Bei **Temperaturen** zwischen 10–22° ist bei Hochdruckwetterlage in der Nacht bis zum frühen Morgen meist Abkühlung mit Taubildung vorhanden, wodurch das Rehwild den besonders in der Brunft durch Ausscheidung und Verdunstung außerordentlich hohen Flüssigkeitsverlust über die Äsung weitgehend ersetzen kann. In der Brunft nimmt das Rehwild jedoch relativ wenig Äsung auf, womit schon dadurch der Flüssigkeitsvorrat begrenzt wird und es zwangsläufig damit haushalten muß. Instinktiv wird es daher auch in den heißesten Tages-Zeitabschnitten und bei Hitzeperioden **über ca. 22° C,** die keine nächtliche Abkühlung und Taubildung bringen, seine Aktivität herabsetzen und auch beim Blatten eine entsprechend geringe Reaktion zeigen. Vergangene Hitzeperioden haben jeweils erwiesen, daß höchstens am frühen Morgen von Sonnenaufgang bis 8 Uhr und am späten Nachmittag von 18–20 Uhr eine Springbereitschaft vorhanden war. Als günstigste Tagesabschnitte sind bei Temperaturen **unter 22°** die Zeiten von Sonnenaufgang bis 8 Uhr, von 10–12 Uhr und von 16 Uhr bis eine Stunde vor Sonnenuntergang anzuführen. Bei bedecktem Himmel kann auch eine ganztägige Springbereitschaft vorhanden sein. Bereits 1 Stunde vor Sonnenuntergang schwinden die Lichtverhältnisse im Waldbestand. Wie in der übrigen Jahreszeit setzt bei günstiger Wetterlage zu diesem Zeitpunkt auch in der Brunft zwar eine Äsungsaktivität ein, ein Brunftgeschehen bzw. eine Springbereitschaft konnte jedoch im Beobachtungsrevier nicht mehr festgestellt werden. Dies dürfte auf eine (infolge mangelnder Lichtverhältnisse) einsetzende Unsicherheit der Böcke zurückzuführen

**Springerfolge von 1972–1983 in den Beobachtungsrevieren in freier Wildbahn**

Ergebnisse bei Mittagstemperaturen **über** 22° C von jeweils 15. 7.–15. 8.

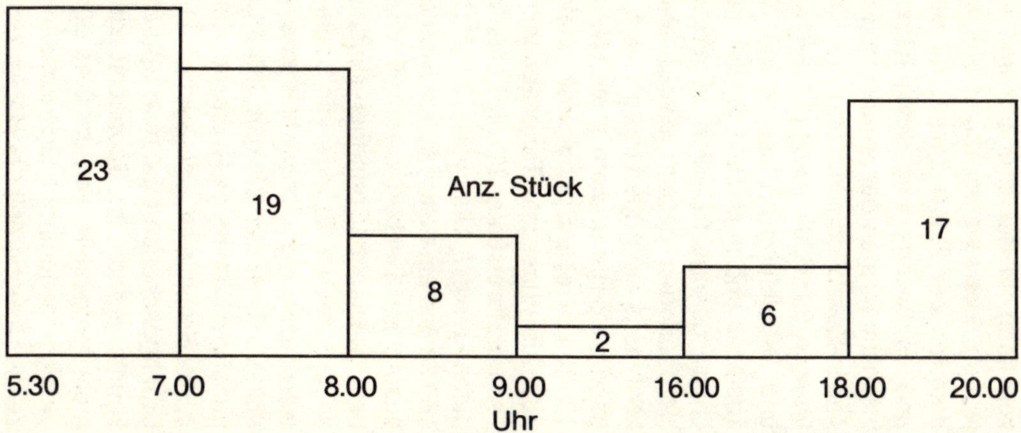

Ergebnisse bei Mittagstemperaturen **unter** 22° C von jeweils 15. 7.–15. 8.

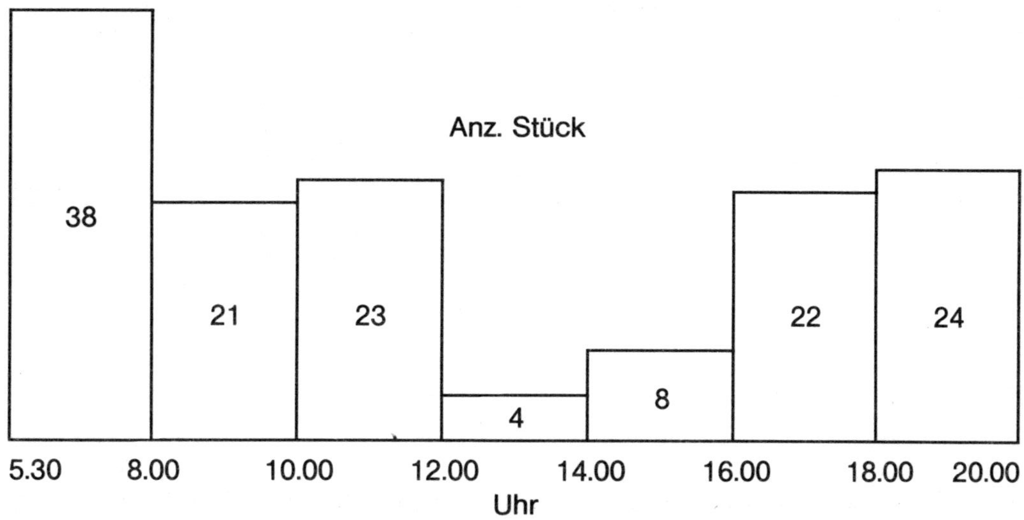

Gesamtergebnis bezogen auf die Blattzeit (15. 7.–15. 8.) ohne Berücksichtigung der Temperatur

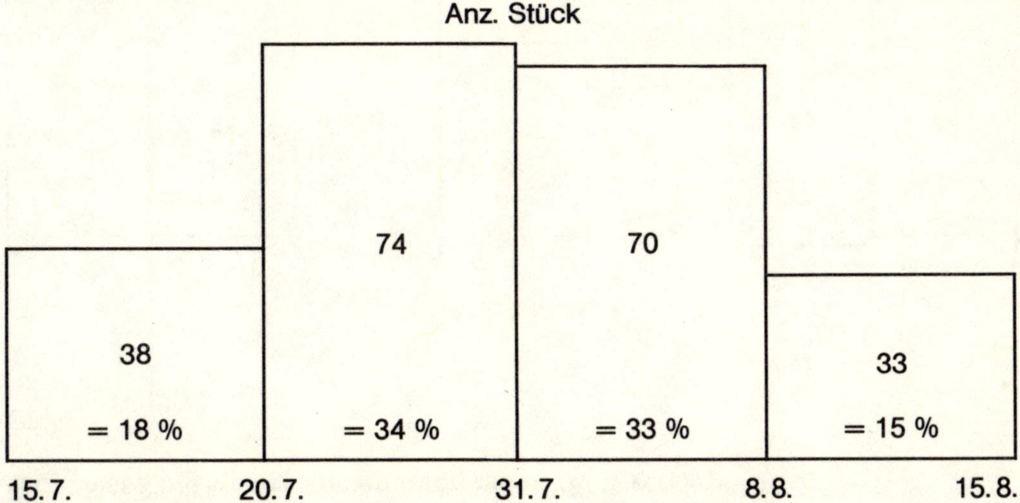

sein, die sich dann auch in der Nacht fortsetzt. Konditionsstarke Böcke, die sich bei hellem Tageslicht begegnen und sich nicht kennen, schätzen zunächst aus achtbarer Entfernung ihre gegenseitigen Stärkeverhältnisse ab und entscheiden danach, in wieweit sie sich auf einen Kampf einlassen können. Obwohl beim Rehwild eine gewisse Nachtsichtigkeit erkannt werden kann, reicht diese jedoch offensichtlich nicht aus, um einen Rivalen im gegenseitigen Stärkeverhältnis bei Dämmerung und Dunkelheit abschätzen zu können. Damit könnte auch erklärt werden, warum eine Nachtaktivität beim Brunftgeschehen von der Jagdpraxis nur selten festgestellt werden kann. Die Jagdwissenschaft hat sich darüber bis heute jedoch noch nicht exakt geäußert.

Nach längerer **Regenperiode** kommt die Aktivität des Rehwildes wieder zum Vorschein, sobald sich die Atmosphäre zu beruhigen beginnt. Diese Feststellung kann ebenfalls nach Gewitterregen gemacht werden.

Das Rehwild – wie auch die übrige freilebende Tierwelt – registriert bereits frühzeitig (wahrscheinl. über das in der Atmosphäre entstehende elektr. Spannungsfeld) herannahende **Gewitter**, geht in Deckung und wird inaktiv. Schon durch den jeweils dabei aufkommenden Wechselwind ist dann kein Blatterfolg mehr zu erwarten. Inaktiv wird das Rehwild auch bereits vor einsetzendem Regen, der meist von geräuschvollen Windböen begleitet ist. Es fühlt sich durch diese Geräuschkulisse in seinem so auf Sicherheit ausgerichteten Verhalten verunsichert. Ein leichter, warmer Sommerregen ohne Windböen beeinflußt dagegen seine Aktivität auch in der Blattzeit nicht.

Die vorgenannten Zeitabschnitte für eine günstige Springbereitschaft während des Tagesablaufs können sich durch auftretende, ungünstige Witterungsverhältnisse verschieben. Für die Mehrzahl der Reviere (ausgenommen Bergreviere) dürften aber die angeführten Zeiten zutreffen, wobei erfahrungsgemäß bei Hochdruckwetterlage der frühe Morgen meist die besten **Erfolgsaussichten** bringt. Wie in der übrigen Jahreszeit kann man auch in der Brunft am frühen Morgen eine verstärkte Aktivität des Rehwildes feststellen. Auch die **Windrichtung** ist in diesem Zeitabschnitt meist eindeutig, während sie dann bei verstärkter Sonneneinstrahlung (gegen 8 Uhr) gerne durch thermisch bedingte Strömungen wechselt, bis ein gewisser Temperaturausgleich zwischen den bodennahen und höheren Luftschichten stattgefunden hat.

**Schwacher Wind** mit konstanter Richtung gewährleistet gute Erfolgsaussichten beim Blatten, weil man sich dabei auch den bezüglich des Windes geeignetsten Blattstand auswählen kann. Bei **Windstille,** die oft bei Schönwetterlagen vorhanden ist, entstehen im Wald trotzdem thermisch bedingte, kaum bemerkbare Luftmassenausgleiche nach verschiedenen Richtungen. Dies hat zur Folge, daß die vom Blattstand ausgehende Witterung bereits nach wenigen Minuten allseitig in weitem Umkreis verbreitet ist, gleichgültig, ob es sich dabei um einen Bodenstand oder um einen Hochsitz handelt.

An regelmäßig auftretenden **Lärm,** der von Industriewerken, Verkehrsstraßen, Bahnlinien usw. kommt, gewöhnt sich das Rehwild sehr schnell, ebenso an den Flugzeuglärm. Diese Lärmsituationen können aber oft zum unbemerkten Anpirschen auf den Blattstand ausgenützt werden.

Bei **geräuschfreier Situation** am Blattplatz kann der zarteste Fiepton angewandt werden, der dann auch relativ weit durchdringt. Außerdem ist durch die Stille oft auch das Plätzen oder Herannahen des Bockes rechtzeitig zu hören, was bei Lärm und stärkerem Wind nicht möglich ist.

Ebene, wellige oder nicht stark geneigte **Waldflächen** werden vom Brunftpaar und Einzelbock in der Regel beim Brunftgeschehen bevorzugt, vermutlich, weil diese Geländeformen weniger physische Kräfte erfordern als Hanglagen und Steilhänge.

Auch das örtlich vorhandene **Ricken-Schmalrehverhältnis** hat auf den Springerfolg beim Blatten einen bedeutenden Einfluß.

Stehen in einem Revier z. B. 10 Böcke und 20 weibliche Rehe (worunter sich 15 Ricken und nur 5 Schmalrehe befinden), ist – durch die bereits erwähnte kurze Beschlagzeit bei führenden Ricken hervorgerufen – die zeitliche Beanspruchung der Böcke wesentlich geringer als dies bei einem Überhang von Schmalrehen der Fall wäre. Bei einem Rickenüberhang werden also im Verlauf der Brunft laufend mehr Böcke frei, die dann weiträumig als „Sucher" auftreten und beim Blatten als unbeweibte Einzelgänger auch leicht und schnell reagieren.

Die **Witterung** ist neben dem örtlich vorhandenen Ricken-Schmalrehverhältnis ein entscheidender Faktor, ob und in welchem Ausmaß das Brunftgeschehen für den Jäger sichtbar wird. Ungünstige Witterungsverhältnisse setzen die Aktivität des Rehwildes sowie die Springbereitschaft der Böcke herab. Weibliche Rehe werden aber zu ihrem individuell bereits vorausbestimmten Termin brunftig und dann auch beschlagen. Dies wird dann allerdings (z. B. bei Hitze- oder Regenperioden) zu den relativ günstigsten Tagesabschnitten, evtl. mit verkürztem Paarungsablauf oder in der Dekkung stattfinden. Dadurch können wesentliche Teile des Brunftgeschehens verborgen bleiben.

Das **Rivalitätsverhalten** der Böcke spielt in der Brunft eine wesentliche Rolle bezüglich ihrer Springbereitschaft. Der Grad ihrer Springbereitschaft ist zudem abhängig von den vorgenannten günstigen bzw. ungünstigen Voraussetzungen, sowie von der augenblicklich vorhandenen Bindung an ein weibliches Reh. Beides kann auf das vor und während der Brunft vorhandene Rivalitätsverhalten dämpfend einwirken oder dieses vorübergehend teilweise oder ganz ausschalten.

Auch die **„Umsetzzeit“** eines Bockes, d. h. die Zeit vom Verlassen des abgebrunfteten, bis zum Auffinden eines weiteren brunftigen Stükkes ist ausschlaggebend für seine Springbereitschaft. In diesem suchenden Zustand, den der Blattjäger natürlich nur zufällig erwischt, ist jeder **„Sucher“**, ob territorial oder nicht territorial, relativ leicht und schnell heranzublatten, sofern die notwendigen „Spielregeln“ vom Jäger eingehalten werden.

Aber auch Böcke, die beim weiblichen Stück stehen und dieses noch nicht beschlagen haben, weil es noch nicht „hochbrunftig“, oder aber bereits beschlagen ist, können zum Springen gebracht werden. Schwieriger, oft aber auch unmöglich ist es, den Bock von der hochbrunftigen Ricke oder dem Schmalreh zu trennen. Der bei einem hochbrunftigen Reh stehende Bock befürchtet, daß ihm dieses entweicht und entfernt sich daher auf den Blattruf nicht oder nur geringfügig. Nachdem diese feste Bindung jedoch vorübergehend ist, kann bereits am nächsten Tag eine Springbereitschaft vorhanden sein. Böcke, die zum augenblicklichen Zeitpunkt stark an das weibliche Reh gebunden sind und daher dem Jäger nicht direkt zustehen, beginnen aber oft, durch den Blattruf angeregt, zu treiben und können auch dadurch dem Jäger zum Vorschein kommen.

**Zum zeitlichen Ablauf der Springbereitschaft** kann festgestellt werden, daß bei einem nicht unerheblichen Teil der Böcke in der ersten Brunftphase (2. Hälfte Juli) eine stärkere Springbereitschaft – auch auf größere Entfernungen – vorhanden ist, als dies dann in der zweiten Phase (1. Augustwoche) der Fall ist. Dies kann darauf zurückgeführt werden, daß in der ersten Phase von den Einstandskämpfen her noch eine größere Kampfbereitschaft vorhanden ist und auch verhältnismäßig weniger Böcke an die weiblichen Stücke gebunden sind, als dies dann in der zweiten Phase erfolgt. In der letzten Phase der ausklingenden Brunft ist dann wieder eine gewisse Springbereitschaft – vor allem bei älteren Böcken – festzustellen, allerdings nicht mehr auf größere Entfernungen.

# Vorbereitung und Ausrüstung zum Blatten

Die **Kleidung** muß in der Farbe unauffällig sein und sich der Umgebung weitgehend anpassen. Am besten eignet sich „geräuschfreier" Loden, grün oder dunkelgrau, auch Tarnkleidung wie sie beim Militär getragen wird, ist geeignet, wenn der Stoff nicht „laut" ist, d. h. raschelt.

Die **Kopfbedeckung,** Hut oder Mütze, sollte mit breitem Rand bzw. Schild versehen sein, damit durch Absenken des Kopfes die helle Gesichtsfarbe abgedeckt werden kann, wenn der Bock oder ein weibliches Stück nahe aufgerückt ist.

Auch das **Schuhwerk** ist von Bedeutung für ein geräuschloses Anpirschen zum Blattplatz. Ledersohlen sind ungeeignet, dagegen gewährleisten Gummi- oder Kreppsohlen mit Profil und Luftpolsterung ein geräuschloses Pirschen, selbst auf befestigten Wegen mit leichter Splittauflage. Gummistiefel müssen oben an der Wade fest sitzen und dürfen auch im Knöchelbereich nicht knacken. Jedenfalls müssen Kleidung und Schuhwerk so ausgewählt werden, daß man sich beim Pirschen und auch auf dem Blattstand bei Drehbewegungen selbst nicht hört. Dieselbe Ausrüstung gilt auch für einen eventuellen Begleiter.

Das freilebende Wild erkennt eindeutig durch einen Lernprozeß, der ihm bereits von der Mutter eingegeben wird, ob ein auftretendes **Geräusch** vom Wild selbst oder vom gefahrbringenden Menschen kommt. Spaziergänger, die sich auf Wegen laut unterhalten, registriert das Rehwild allerdings oft nur durch Aufwerfen oder kurzes Abspringen, während es durch das geringste Geräusch des anpirschenden Jägers meist schreckt und weit flüchtet. Genauso empfindlich ist es gegen metallische Geräusche.

Wenn ein Revierinhaber schon die Pirschjagd bevorzugt, sollte er dabei das geräuschlose Pirschen und vor allem die Windsituation beachten, um sein Rehwild nicht zu vergrämen. Es gibt z. B. Rehwildreviere, in denen nicht planlos gepirscht und nur vom Hochsitz aus beobachtet wird. Dort hat sich das Rehwild im Laufe der Jahre eine Vertrautheit auch dem Auto gegenüber angewöhnt, die außerdem auf die Kitze und spätere Generationen übertragen und geprägt wurde. Allererste Voraussetzung dafür ist aber, daß nie über das Auto oder von der Nähe des Autos aus geschossen wird. Das Rehwild hat dort jedenfalls die Sicherheit gewonnen, daß vom Auto keinesfalls eine Gefahr ausgeht. In diesen Revieren ist das ganze Jahr über – und besonders auch während der Brunft – ein nahezu vollständiger Gesamtüberblick über das im Revier befindliche Rehwild aus relativ naher Entfernung zu gewinnen.

# Auswahl und Festlegung der Blattstände

Zur Vorbereitung der Blattzeit gehört – neben einer etwa notwendigen Anlegung von Pirschwegen – auch die Festlegung und **Einrichtung von Blattständen,** da für einen Blatterfolg nicht nur das „wie und wann“ geblattet wird, sondern auch das „wo“ ausschlaggebend ist.

Für die Festlegung aussichtsreicher Blattstände ist sicher eine möglichst genaue Revierkenntnis vorteilhaft (auch die Lage vorhandener Plätz- und Fegestellen). Geeignet sind im Wald vor allem Stangenhölzer, auch Althölzer mit lichtem Unterwuchs, der aber noch eine ausreichende Übersichtlichkeit gewährleisten muß. Ideal und am erfolgreichsten sind Stangenhölzer, die an Dickungen anschließen oder davon teilweise oder ganz umgeben sind. Zu einer Dikkung, in der der Bock seinen vermutlichen Einstand hat, sollte der Blattstand wenigstens 50 m übersichtlichen Abstand haben, um damit auch ein genügendes „Vorfeld“ zum Ansprechen zu erhalten. Ob als Blattstand ein getarnter Bodenstand (evtl. auch für die nächsten Jahre geeignet), oder ein einfacher Stand (hinter oder vor einem Baum) gewählt wird, bleibt dem Jäger überlassen. Setzt oder stellt sich der Jäger bei einem nicht getarnten Stand vor einen Baum, muß er in der Regel sehr reaktionsschnell und evtl. auch freihändig schießen, außerdem hat er meist keine Gelegenheit, einwandfrei anzusprechen. Zur teilweisen Abdeckung von Körper und Gesicht ist der Stand hinter einem Baum günstiger. Um das Blickfeld nicht einzuengen, sollte ein schwacher, möglichst aber leicht beasteter Stamm ausgewählt werden. Äste, die das Schuß- und Blickfeld behindern, müssen abgebogen oder beseitigt werden, damit ein Durchblick entsteht und auch am Stamm angestrichen werden kann. Wird ein Jagdgast mitgeführt, ist ein getarnter Bodenstand zweckmäßiger, da er mehr Bewegungsfreiheit bietet.

Wird von einem einfachen Stand aus geblattet, muß am Stammfuß vorhandenes Laub und Reisig ringsum beseitigt werden, damit auch eine geräuschlose Drehung nach allen Schußrichtungen hin möglich wird. Ist der einfache Bodenstand nicht vorbereitet, kann die Beseitigung des Bodenbelags auch noch beim Beziehen des Standes erfolgen. Dies kann mit der Hand – und zwar im Takt des plätzenden Bokkes – erfolgen. In der Vermutung eines Rivalen ist aber auf dieses „Plätzgeräusch“ hin schon mancher in der Nähe befindliche Bock gesprungen.

Der Stand soll außerdem so ausgesucht werden, daß er in der dunkelsten Stelle der näheren

Umgebung liegt, ohne dabei den vom Stand aus notwendigen Überblick zu verlieren oder den Wind und den Abstand zum Einstand außer acht zu lassen.

Steht ein Hochsitz an einem geeigneten Platz, kann auch von diesem aus geblattet werden, sofern er geräuschlos zu erreichen ist. Es ist aber dabei zu beachten, daß das Rehwild nach oben äugt, argwöhnisch wird und abspringt, wenn der Fiepton aus zu naher Entfernung von oben kommt. Hochsitze, die in absoluter Nähe eines nicht einzusehenden Bestandes stehen, sind daher nicht geeignet. Dasselbe gilt für Hochsitze am Waldtrauf, von denen aus der Waldbestand nicht einzusehen ist.

Um die Aufmerksamkeit des Bockes vom Blattstand abzulenken, hat sich auch die Aufhängung einer gegerbten roten **Rehdecke** bewährt. Die Decke wird in Längsrichtung mit einem Stab oder Schnur versehen und daran zwischen zwei Bäumen in Wildhöhe aufgehängt (Abstand ca. 30–40 m vom Blattstand oder Hochsitz). Wenn der Bock (evtl. auch das weibliche Reh) das Phantom sieht, wird er vom Blattstand abgelenkt und zieht dann meist – wegen fehlender Witterung oder Bewegung des „Stükkes“ – wieder geräuschlos ab, ohne daß er versucht hat, in den Wind des Jägers zu kommen.

Ein auf den Ruf springender Bock meidet in der Regel aus Sicherheitsgründen das Überschreiten von hellen Wegtrassen, lichten Stellen und Freiflächen. Ebenso sind Zäune für ihn eine Begrenzung, die ihn hindert, in den Wind des Blattstandes zu ziehen. Sind derartige **natürliche Begrenzungen** (Sperren) vorhanden, sollten sie bei der Wahl des Blattstandes weitgehend berücksichtigt werden.

Ist es einem Bock gelungen, in den **Wind** des Blattstandes zu ziehen, wird er schrecken und abspringen. Auch weibliche Rehe, die aufs Blatten zugestanden sind (meist aus reiner Neugierde, Ricken, weil sich ihr Kitz in der Nähe befindet), versuchen, in den Wind zu ziehen. Sie schrecken meist lauter und anhaltender als der alte Bock, der daran zu erkennen ist, daß er nur wenige dumpfe Schrecklaute abgibt. Der Stand ist für das abspringende, evtl. auch für Rehwild der näheren Umgebung zunächst „verblattet", weil in Verbindung mit dem Blatten menschliche Witterung wahrgenommen wurde. Dieser Blattstand kann in den nächsten Tagen nicht mehr bezogen werden, es kann aber versucht werden, den so „vergrämten" Bock von einem benachbarten Stand aus, wieder nach kurzer Zeit (evtl. bereits am nächsten Tag) zum Springen zu bringen.

Wird ein **Auto** zum Erreichen der Blattstände benützt, darf dieses keinesfalls so abgestellt werden, daß die Autowitterung, die der menschlichen Witterung in ihrer Wirkung auf das Wild gleichzusetzen ist, den Blattstand oder den Einstand des Bockes über den Wind beeinflussen kann. Selbst wenn das Auto nicht in absoluter Nähe des Blattstandes abgestellt wird, müssen auch metallische Geräusche (wie Türen zuschlagen, Gewehr schließen oder durchladen) weitgehend abgedämpft werden. Alle metallischen Geräusche werden vom Rehwild besonders negativ quittiert.

**Rauchen** auf dem Blattstand kann erfolgen, wenn dabei die notwendigen Vorsichtsmaßnahmen angewandt werden. Der Rauch nimmt denselben Weg wie die menschliche Witterung, beide werden vom Wild in gleichem Maße negativ aufgenommen, so daß es gleichgültig erscheint, ob geraucht wird oder nicht. Eine stabile Windrichtung, vor allem auch Wechselwinde, können aber über den Rauch am besten geprüft werden, so daß man jeweils rasch feststellen kann, ob man auf dem Stand oder Sitz verbleiben kann, oder ihn verlassen muß. Nichtrauchern kann auch die Flamme eines Feuerzeugs zur Feststellung der örtlichen Windrichtung dienlich sein. Das Feuerzeug muß aber geräuschlos bedient werden können. Auch die Sporen des Bovist-Pilzes sind geeignet.

**Blattstände** können auch auf **freiem Feld** eingerichtet oder bezogen werden. Bei hoher und großflächiger Feldbedeckung geht aber meist der Überblick verloren, so daß man auf etwa noch vorhandene Feldbäume, auf niedere Zwischenfelder, bereits vorhandene Hochsitze, oder aber auf den Waldrand angewiesen ist. Da der Einstand des Feldbockes weniger zu beurteilen ist als im Wald, kann im freien Feld die Windrichtung auch nicht in jedem Falle berücksichtigt werden. Wird am Waldrand geblattet und der Bock vom Feld her erwartet, ist die Windrichtung natürlich zu beachten. Das Blatten auf freiem Feld kann in derselben Art wie im Wald erfolgen.

# Lautäußerungen beim Rehwild

Das Rehwild gibt auch **außerhalb der Brunft** Fieplaute ab, die im wesentlichen der gegenseitigen Verständigung dienen. Meistens handelt es sich dabei um Lock- oder Warnungszeichen zwischen führender Ricke und ihren Kitzen. Am häufigsten wird vom Jäger der Schrecklaut gehört, der von beiden Geschlechtern bei Störungen (durch den Menschen, den Hund oder Schwarzwild) abgegeben wird und ebenfalls ein gegenseitiges Warnungszeichen ist. Klagelaute werden nur in höchster Not, wenn das Wild gerissen wird, teilweise auch bei Knochenverletzungen, abgegeben.

**In der Brunft** unterscheidet man Fieplaute, Sprengfieplaute und das Geschrei.

**Fieplaute** sind einfache, einsilbige Laute, die vom weiblichen Reh (seltener vom Bock) abgegeben werden. Die Initiative bei der Brunft geht meist vom weiblichen Stück aus, indem es durch Fieplaute den Bock anlockt, bzw. zum Treiben auffordert. Als **Sprengfieplaute** werden zweisilbige, mehr in die Länge gezogene und in der Tonhöhe auf der zweiten Silbe leicht abfallende Laute bezeichnet, die aber wesentlich lautstärker als Fieplaute sind.

Diese Laute werden in der Regel von hartgetriebenen Schmalrehen mit offenem Äser abgegeben. Das hochflüchtige Treiben und die dabei abgegebenen Laute können zwischen derselben Paarung, mit zeitweiligen Unterbrechungen, während mehrerer Tage andauern, wahrscheinlich jeweils bis zu dem Zeitpunkt, an dem die Eireife dann vorhanden ist und somit ein erfolgreicher Beschlag, d. h. eine Befruchtung stattfinden kann. Diese befruchtungsfähigen Beschläge können bei Schmalrehen auch mehrmals stattfinden, wobei nicht nur der „Erstbeschlagende“, in Ausnahmefällen aber auch andere Böcke beteiligt sein können.

Das **Geschrei** (auch „Angstgeschrei“ genannt) wird in der Jagdpraxis noch seltener gehört als der „Sprengfieplaut“. Beide Laute haben jedoch beim Blatten in vielen Situationen eine erstaunliche Wirkung und sollten daher vom Blattjäger beherrscht und auch angewandt werden.

Beim Geschrei handelt es sich um einen klagelautähnlichen, schrillen Ton in gleichbleibender Höhe, mit starkem Vibrieren. Nach bisherigen (seltenen) Beobachtungen wird es vom weiblichen Reh abgegeben, das von einem hochbrunftigen Bock (auch mit Forkelstichen) bedrängt wird, weil es noch nicht oder nicht mehr „steht“. Die Erfahrung hat auch gezeigt, daß auf das Geschrei in der Regel territoriale

Böcke sowie Ricken (aus Neugierde oder Sorge um ihre Kitze) zustehen, während nicht territoriale Böcke oft ängstlich und schreckend die Flucht ergreifen. Es ist anzunehmen, daß der territoriale Bock zusteht, weil er einen Rivalen in seinem Bereich vermutet, während der fliehende Bock einer Gefahr irgendwelcher Art entgehen will.

# Beginn und Ende der Blattzeit

Der **Beginn** der Blattzeit variiert gebietsweise. Er ist abhängig vom Eintritt der aktiven Brunfterscheinungen beim weiblichen Rehwild im jeweiligen Gebiet. Wie bereits erwähnt, streuen aber die Brunfttermine bei Ricken und Schmalrehen u. a. auch nach Maßgabe ihrer individuellen Kondition. Dies bedeutet, daß der Beginn der Brunftzeit durch konditionsstarke weibliche Rehe bestimmt wird. Böcke richten aber ihr Brunftverhalten, d. h. auch ihre Springbereitschaft auf den Brunftzustand des weiblichen Rehwildes ein. Im eigenen Beobachtungsrevier wurde jährlich zwischen dem 15. und 20. Juli erstes aktives Brunfttreiben beobachtet, woraufhin jeweils ab diesem Zeitpunkt auch erfolgreich geblattet wurde.

Im Rehgatter Stammham wurde in den 5 Versuchsjahren von 1972–1976 frühestes Brunftgeschehen zwischen dem 30. 6. und 10. 7. beobachtet, spätestens zwischen dem 4. 8. und 17. 8. Vermutlich gab es bei den angeführten frühesten Terminen noch keine befruchtungsfähigen Beschläge, die den Termin einer beginnenden Blattzeit hätten anzeigen können. Auch auf der freien Wildbahn wurde hier vereinzeltes

Treiben ab Anfang Juli festgestellt, wobei es sich aber jeweils um flüchtiges „Geradeaustreiben“ mit vergeblichen Beschlagversuchen handelte. Befruchtungsfähige Beschläge, die durch typisches Gebaren des Brunftpaares mit „Hexenringtreiben“ und nachfolgenden wiederholten Beschlägen gekennzeichnet sind und den Termin der beginnenden Blattzeit anzeigen, wurden hier im Beobachtungsrevier nicht vor dem 15. Juli festgestellt.

Auch das **Ende der Blattzeit** ist gebietsweise verschieden und wird ebenfalls durch die weiblichen Rehe und zwar durch konditionsschwache Rehe bestimmt, die – wie beschrieben – zuletzt in die Brunft kommen. In Stammham wurde der späteste Brunfttermin am 17. 8. festgestellt. Dieser Termin deckt sich mit Beobachtungen im eigenen Revier, wo Springerfolge auch nicht über den 18. 8. hinaus zu erreichen waren und es sich zwischen dem 15.–18. 8. nur noch um sehr vereinzelte Erfolge handelte.

In der Jagdpraxis ist die Meinung verbreitet, daß ausschließlich nur vom 1. bis 8. August ein Blatterfolg zu erwarten sei und die Böcke vor und nach dieser Zeit nur **„verblattet“** würden. Durch die erwähnte Streuung der weiblichen Brunfttermine über die gesamte Brunftzeit hinweg, ist aber eine Springbereitschaft der Böcke innerhalb dieses Zeitrahmens vorhanden, wobei jedoch eine örtlich bedingte Verschiebung des Höhepunktes nicht auszuschließen ist. Die Befürchtung, daß Böcke durch Blatten vor und nach der 1. Augustwoche verblattet würden, ist nicht begründet. Die Blattpraxis erweist nämlich, daß Böcke, die die Blattrufe zwar hören, aber aus den verschiedensten (bereits angeführten) Gründen keine Springbereitschaft zeigen, die Rufe offensichtlich nicht mit dem Menschen in Verbindung bringen. Sie reagieren aber, sobald ihre Springbereitschaft vorhanden ist. Dies kann über die gesamte Blattzeit hinweg festgestellt werden.

Blatterfolge sind also zu erreichen, solange brunftige weibliche Rehe im Revier vorhanden sind und beschlagen werden. Dies bedeutet vor allem für Revierinhaber mit größerem Waldbezirk, die Blattzeit, die oft durch ungünstige Witterungsverhältnisse auch noch eingeschränkt wird, vom 15. 7.–15. 8. weitgehend auszunützen.

# Blattinstrumente

Früher hat der Jäger zum Blatten dünnrippige Schattenblätter von Rotbuchen, Flieder und anderen Laubholzarten, sowie die dünne Rindenhaut von jungen Birken und Kirschbäumen verwendet, aber auch breitblätterige Gräser und halbreife, selbst präparierte Getreidehalme. Diese „Blatter“ werden heute nur noch sehr selten benützt, weil ihre Handhabung den meisten nicht geläufig ist. Wer jedoch gut geübt ist, kann einen einsilbigen, zarten und auch naturgetreuen Kitz- und Schmalreh-Fiepton hervorbringen, dessen Reichweite jedoch – besonders bei Geräuschsituationen – begrenzt ist.

Der „Sprengruf“ und das „Geschrei“ sind zweisilbige Laute, die mit den vorgenannten Blattern nur begrenzt erzeugt werden können, außerdem läuft man Gefahr, daß sie im entscheidenden Augenblick durch die starke Beanspruchung zerreißen oder überhaupt versagen. So wünschenswert es wäre, naturgegebenes Material zum Blatten zu verwenden, so sehr muß man auch seine begrenzte Anwendbarkeit und die Schwierigkeit der Handhabung erkennen.

Der Handel bietet auch heute noch **ältere**

**Blattinstrumente** an, bei denen zwar die Tonhöhe verstellbar ist, womit aber nur die einfachen Fieplaute, teilweise auch die Sprengfieplaute, hervorgebracht werden können. Zur Darstellung des Geschreis sind sie aber nicht geeignet.

In sehr vielen Situationen hat sich bei der Blattjagd die Beherrschung des **„Mundfieptones“** bewährt, da er weder vom Gebrauch eines Instrumentes noch von einem sonstigen Blatter abhängig ist. Wer den Mundfiepton naturgetreu beherrscht, hat beide Hände zur Beobachtung mit dem Fernglas oder für den Schuß frei, kann die jeweilige Reaktion des Bockes schnell feststellen und auch selbst schnell reagieren. Der Fiepton hat zwar begrenzte Reichweite, er wird aber sowieso nur auf relativ kurze Entfernung angewandt, wobei die Lautstärke bis herunter zum leisesten Ton variiert werden kann.

Der Mundfiepton wird erzeugt, indem man die nicht feuchten, aber auch nicht ausgetrockneten Lippen zusammenpreßt, diese durch Luftdruck etwas aufbläht und die gepreßte Luft durch einen geringen Spalt, seitlich der Lippenmitte, entläßt. Die Tonhöhe kann variiert werden (Kitz- und Schmalrehfiep). Je stärker die Lippen gepreßt werden, umso höher wird der Ton. Durch schnelles Öffnen der Lippen kann zu dem einsilbigen „fi“ auch ein Schmalrehfiepton, d. h. ein zweisilbiges „fi-a“ zustande kommen.

# Blatten auf dem Stand

Für das Anpirschen auf den Blattstand ist eine „Stehpirsch" zu empfehlen, gleichgültig, ob es sich um eine kürzere oder weitere Entfernung handelt. Bei der Stehpirsch legt man alle 20–50 m (je nach der Übersichtlichkeit des Waldbestandes) eine kurze Beobachtungspause ein, um etwa liegendes, ziehendes oder treibendes Rehwild rechtzeitig zu erkennen. Auch hier gilt die alte jagdliche Erfahrung „wer den anderen zuerst entdeckt, ist im Vorteil". Sollte beim Anpirschen Rehwild schreckend abspringen, ist der beabsichtigte Stand für Stunden „vergrämt", so daß ein anderer Stand aufgesucht werden muß. Wurde der Blattstand aber geräuschlos erreicht, erfolgt als erstes eine mehrmalige Windüberprüfung, da die Windrichtung am jeweiligen Blattstand der Hauptwindrichtung gegenüber verschieden sein kann. Ideal ist frontaler Wind, bei vorhandenem Überblick kann auch noch Seitenwind toleriert werden. Ist die Windrichtung dem vermuteten Bockeinstand gegenüber günstig, empfiehlt es sich, sofort mit Blatten zu beginnen, um einer späteren Drehung des Windes zuvorzukommen. Nach entstandenen Anpirschgeräuschen ist eine Wartezeit einzulegen.

Ist ein zweiter Jäger in Begleitung, kann dieser für eine halbkreisförmige Beobachtung, oder gar zum Blatten eingesetzt werden. Beide stehen entweder dicht beisammen oder der Blattende setzt sich 20–30 m vom schußbereiten Jäger ab. Letzteres hat den Vorteil, daß der zustehende Bock in erster Linie die geortete Rufstelle im Auge hat und dem Schießenden dadurch eine gewisse Bewegungsfreiheit bleibt. Beide sollten jedoch noch gute Sichtverbindung zur gegenseitigen Verständigung haben.

Beim Rehwild sind die Organe Ohr und Nase am stärksten, das Auge jedoch relativ am schwächsten ausgebildet. Den regungslos stehenden Menschen erkennt es nur aus nächster Entfernung, während jegliche Bewegung auch auf weitere Entfernung erkannt wird, besonders wenn der Blick auf den von ihm georteten Blattstand gerichtet ist. Dies bedeutet, daß sowohl während des Blattens als auch während der Beobachtungspausen lediglich langsame Kopfdrehungen gemacht werden dürfen. Solange der erschienene Bock auf den Blattstand äugt, darf keine Körperbewegung erfolgen, erst wenn er in Bewegung gerät, sind langsame Drehbewegungen möglich.

Erscheint ein weibliches Reh, das den Bock nach sich zieht, ist zu beachten, daß beim Brunftpaar die Sicherheitsüberwachung nach außen grundsätzlich vom weibl. Reh übernommen wird, während der Bock nur auf die Überwachung seiner weibl. Begleitung eingestellt ist.

Die meisten Böcke (ob alt oder jung) pirschen sich leise und vorsichtig an den Fiepton heran, wobei sie mit erstaunlicher Präzision die Entfernung und die Richtung orten. Stellt ein Bock auf dem georteten Punkt kein Brunftgeschehen oder kein brunftiges Stück fest, versucht er, in bestimmter Entfernung um den fraglichen Fiepton zu kreisen, um dadurch in den Windkegel des Blattstandes zu kommen. Wie er daran evtl. gehindert werden kann, wird später beschrieben.

Die **Dauer der Rufzeit** sollte einschließlich der Beobachtungszeiten je Blattstand mindestens 20–30 Min. betragen. Ist diese Zeit erfolglos geblieben, kann der Blattstand gewechselt werden. Aus Erfahrung steht jedenfalls fest, daß das Blatten vor allem Zeit (und gewisse Kenntnisse) erfordert, wenn es von Erfolg sein soll. Jegliche Eile kann beim Blatten zum Mißerfolg führen.

Die **Reichweite** der abgegebenen Ruflaute hängt im wesentlichen von einer etwa vorhandenen Geräuschsituation, sowie von der örtlich vorhandenen Waldbestandesdichte ab. Bei geräuschfreier Situation und einem wenig geräuschdämmenden Waldbestand (aus Alt-Baum- oder Stangenholz) kann von den nachstehenden ungefähren Reichweiten ausgegangen werden

| | |
|---|---|
| Kitzfiepton | bis 100 m |
| Schmalreh- u. Rickenfiepton | bis 200 m |
| Sprengruf | bis 400 m |
| Geschrei | bis 600 m. |

Durch Geräuschsituationen und geräuschdämmenden Waldbestand (größere Dickungen) verringern sich die angegebenen Reichweiten entsprechend. Die Reichweite von Sprengruf und Geschrei wurde zwar auf 400 bzw. 600 m festgestellt, ein Springerfolg ist aber auf diese Entfernungen nur in Ausnahmefällen (z. B. bei „Suchern“ in nicht beherrschten Einstandsgebieten) zu erwarten.

Das nachstehende **Rufschema** kann im einzelnen variiert werden, es hat sich jedoch in dem dargelegten Ablauf im eigenen Beobachtungsrevier bewährt.

Die **Fieplaute** werden in **Rufserien** abgegeben. Eine Serie besteht aus 5–6 Fieplauten. Zwischen jedem Fieplaut ist ein Abstand von ca. 3–4 Sekunden einzuhalten. Zwischen den Rufserien werden Beobachtungspausen von 1–2 Minuten eingelegt. Bei 5 abgegebenen Rufserien beansprucht dies dann für die Fieplaute eine Zeit von rd. 8 Minuten.

Die **Sprengrufe** werden ebenfalls in Rufserien mit denselben Zwischenabständen und denselben Beobachtungspausen wie bei den

Fieplauten abgegeben. Jeder Sprengrufserie wird aber jeweils eine leise Fieplautserie angehängt. Bei 5 abgegebenen Rufserien beansprucht dies dann für die Sprengrufe mit angehängten Fieplauten eine Zeit von weiteren rd. 10 Minuten.

Beim **Geschrei** werden zunächst 2 Serien mit je 3 Geschreirufen abgegeben. An die 3. und an evtl. weitere Serien werden an die Geschreirufe je eine Sprengruf- und eine leise Fieplautserie angehängt. Mit Beobachtungspausen zwischen den 3 Serien von jeweils 1–2 Minuten beansprucht dies eine weitere Rufzeit von rd. 8 Minuten.

Nachdem sicher in keinem Falle die in Hörweite des Blattstandes augenblicklich vorhandene Springbereitschaft und die Konstellation des Rehwildes bekannt ist, muß versucht werden, durch verschiedenartige Ruflaute die Situation zu klären.

Zunächst sollte mit dem **Kitzfiepton** (mit Blatt, Mundfiep oder Instrument) begonnen werden, um damit evtl. eine führende Ricke, die ihre Kitze abgelegt hat und beim Bock steht, zum Springen zu bringen. Gelingt dies, zieht sie oft den Bock mit sich. Das Paar wird in Richtung des Fieptones ziehen, wenn die Kitze zufällig in der Nähe des Blattstandes liegen. Andernfalls wird die Ricke – trotz der von ihr georteten Fieprichtung – mit dem Bock zum Ablegeort der Kitze ziehen und kann dadurch dem Jäger evtl. nicht in Erscheinung treten.

Ist der Kitzruf ohne Erfolg geblieben, wird der **Schmalrehfiepton** angewandt, um damit einen noch nicht oder nicht mehr an ein weibliches Reh gebundenen Bock zum Springen zu bringen. Darauf können sowohl territoriale Böcke als auch sog. „Sucher" reagieren. Erscheint ein Bock, wird sofort mit dem Rufen abgebrochen und zunächst sein weiteres Verhalten beobachtet. Zieht er auf den Blattstand zu und läuft man Gefahr, daß er zu nahe aufrückt oder in den Windkegel des Blattstandes vorrückt, genügt oft ein leiser Mundfiepton (auch Fiepton mit Instrument), um ihn rechtzeitig zum Stehen zu bringen. Ist er trotzdem zu nahe aufgerückt, hat den Jäger erkannt und springt ab, kann er nur noch durch einen reaktionsschnell abgegebenen Sprengruf (notfalls auch Geschreiruf) zum Stehen gebracht werden. Bleibt ein springender Bock in zu weiter Entfernung stehen und ist auch durch Fiepen nicht näher zu bringen, wird er zur Kontrolle des Rufes meist versuchen, im Bogen in den Wind zu ziehen. Durch einen oder mehrere Sprengrufe, auf die er dann in der Regel steht, oder gar direkt zusteht, kann dies verhindert werden. Gelingt es ihm aber, in den Windkegel des Blattstandes zu kommen, verbindet er die Rufe mit menschlicher Witterung, wodurch der Blattstand für ihn „verblattet" ist.

**Der Sprengruf** ist ein wesentlich verstärkter Schmalrehfiepton, der dem Bock die Laute eines hartgetriebenen Schmalrehs vortäuschen und dadurch seine Rivalität herausfordern soll. Der Sprengruf bringt einen springbereiten Bock in starke Erregung, wodurch dieser überraschend schnell in Erscheinung treten kann und daher eine besondere intensive Beobachtung während des Rufens und in den Rufpausen notwendig ist. Wenn ein Bock erscheint, ist dasselbe Verhalten anzuwenden, wie dies beim Schmalrehruf beschrieben ist. Die Blattpraxis hat gezeigt, daß durch den Sprengruf mit angehängten Fiepserien die besten Erfolge auf ältere, besonders aber auch auf territoriale Böcke zu erzielen sind. Die Fiepserien sollten dabei aber bis auf leiseste Lautstärke herab variiert werden.

**Das Geschrei,** ein in der Jagdpraxis selten gehörter Laut, wird in Anschluß an den Sprengruf in mehreren Serien, ebenfalls mit angehängten Fieptönen, angewandt, um damit einen auf die vorausgegangenen Rufe nicht reagierenden Bock doch noch zum Springen zu bringen. Das Geschrei sollte jedoch erst dann angewandt werden, wenn im jeweiligen Revier die ersten aktiven Brunfttreiben mit Beschlägen festgestellt wurden. Als Haltesignal wirkt das Geschrei aber über die gesamte Brunftzeit hinweg. Der Geschreilaut verursacht beim territorialen Bock die höchste Erregung, weil er ein weibliches Reh in seinem Bereich in gefährlicher Bedrängung durch einen Rivalen vermutet. Wie bereits angeführt, fliehen junge und nicht territoriale Böcke meist bei der Abgabe des Geschreis, während territoriale Böcke oft als „Blitzstarter" erscheinen und dabei nahe aufrücken können. Bleibt aber auch das Geschrei ohne Erfolg, muß der Blattstand gewechselt und evtl. später wieder aufgesucht werden. In jedem Falle ist aber eine mehrere Minuten dauernde Beobachtungszeit einzulegen, bevor ein Blattstand verlassen wird.

Das Zurückpirschen vom Blattstand sollte ebenso geräuschfrei und mit derselben Vorsicht (evtl. „Stehpirsch") erfolgen wie das Anpirschen. Oft wird ein Bock durch das Blatten zum Treiben eines weiblichen Stückes oder eines Rivalen angeregt und kann dadurch auf dem Rückweg, d. h. in der weiteren Umgebung des Blattstandes in Erscheinung treten.

Es gibt aber auch besonders **heimliche,** meist ältere **Böcke,** die selbst während der Brunft nicht oder nur ganz selten in Erscheinung treten, weil sie z. B. ihren Einstand in großflächigen Kulturen oder in jungen Stangenhölzern haben, die sie selbst beim Treiben nur ausnahmsweise verlassen. Auch durch Sprengruf oder Geschrei sind sie nicht aus der Dickung heraus in einen übersichtlichen Waldbestand zu bringen, vor allem nicht, wenn sie sich in weiblicher Gesellschaft befinden. Diesen Bökken kann man in der Brunft oft nur beikommen, wenn man sich selbst in die Dickung hineinbegibt (wie dies auch H. v. Bayern beschreibt). Dies muß natürlich mit äußerster Vorsicht, geräuschlos und vor allem unter Berücksichtigung des Windes erfolgen. Ist kein Pirschweg vorbereitet, kann evtl. ein Wechsel zum Vordringen (auch kriechend) in den Einstand ausgenützt werden. Da der genaue Standort des Bockes sicher nicht bekannt ist, muß man sich von Blattstand zu Blattstand (Abstand ca. 30–50 m) vortasten. Der jeweilige Blattstand ist so auszusuchen, daß man wenigstens 15–20 m Sicht nach vorne und möglichst auch zur Seite hat. Hier führt lediglich ein leiser Schmalrehfiepton in großen Abständen von 10–20 Sek. zum Erfolg. Der Bock wird mit angeschlagenem Gewehr, auf dem Boden sitzend, oder auf niederem Sitzstock schußbereit erwartet. Wer nicht auf den Stich oder Trägeransatz schießt, sollte dieses sicher nicht einfache Vorgehen unterlassen.

Aufwerfender Platzbock Foto: M. Danegger

Der Rivale Foto: H. Reinhard

Angriff auf den Rivalen Foto: M. Danegger

Noch nicht deckungsbereit Foto: M. Danegger

Erlaubte Annäherung – Hexenringtreiben Foto: F. Rieger

Beschlag Foto: M. Danegger

Hochsprung auf den Sprengruf Foto: H. Reinhard

# Beispiele aus der Blattjagd

1) Blattstand auf Hochsitz im Buchen-Altholz mit lockerem Unterstand und Grasbewuchs, vom Boden aus nicht mehr übersichtlich. Windüberprüfung: leichter, aber konstanter Westwind. Daher wird der Hochsitz im Osten gewählt, 80 m vor einer Laubholzdickung, in der der territoriale Bock vermutet wird (zahlreiche Plätz- und Fegestellen). Der Hochsitz wurde nicht geräuschlos erreicht, daher 10 Min. Wartezeit. Danach 2 Kitzfiepserien, Ricke kommt alleine hochflüchtig, etwas seitlich der Fieprichtung, verhofft, zieht weiter seitlich ab, nimmt Kitze auf, äst, zieht in weitem Bogen um den Hochsitz, ist durch weiteres Fiepen nicht aufzuhalten, kommt in den Wind und springt schreckend ab. Der Sitz ist auch für den Bock zunächst „vergrämt", muß geräuschlos verlassen werden, kann aber wenige Stunden später wieder angegangen werden, weil der Bock evtl. nur die Schrecklaute, nicht aber menschliche Witterung wahrgenommen hat. Beim 2. Versuch ohne Kitzfiep, mit Schmalrehfiep – Sprengruf beginnen.

2) Zwei behelfsmäßig vorbereitete Bodenstände im Westen und Osten eines großflächigen Baumholzes. Sichtweite 80 m. Windüber-

prüfung: von NO nach SO wechselnd. Es wird daher der Stand im Westen gewählt, der im Rücken eine breitaufgehauene lichte Wegschneise hat, die verhindern soll, daß der Bock in den Wind ziehen kann. Der Stand wurde geräuschlos erreicht, daher keine Wartezeit. Auf einige Schmalrehfiepserien beginnt der Bock in Richtung lichte Wegschneise zu treiben, beide drehen dort ab, treiben zurück, der Geschreiruf bringt Schmalreh und Bock zum Stehen.

3) Kein vorbereiteter Blattstand, jedoch zahlreiche Plätz- und Liegestellen in älterem Stangenholz, Sichtweite 60 m. Ein reifer Territorialbock wurde dort schon beobachtet. Windüberprüfung: konstanter Nordwind. Der Blattstand wird daher im Süden des Stangenholzes gewählt, im Rücken des Standes außerdem ein Kulturzaun. Im Norden, anschließend an das Stangenholz, eine Kultur, worin der Bock vermutet wird. Der Blattstand wird an der dunkelsten Stelle der Umgebung hergerichtet (Beseitigung von Laub und Dürrholz rings um den Stamm). Beginn mit einigen Schmalrehfiepserien, Pause, danach Sprengrufserie mit angehängten Fieptönen. Junger, konditionsstarker Bock erscheint von Westen und verhofft, kurz danach kommt flüchtig der erwartete Territorialbock von Norden und jagt den Jungbock nach Westen. Wie erwartet, kommt der Altbock

eilig in Richtung Kultur alleine zurück und wird durch Sprengruf zum Stehen gebracht.

4) Blattstand am Nordrand eines Feldgehölzes. Durch einen 50 m breiten Wiesenstreifen getrennt, ein weiteres kleines Feldgehölz, in das ein älterer Bock soeben alleine eingezogen ist. Windüberprüfung: konstanter Westwind. Auf Fiepserie erscheint der Bock kurz am Südrand, überquert aber nicht den hellen Wiesenstreifen, sondern kehrt um und versucht, flüchtig in sehr weitem Bogen, von Westen her in den Wind des Blattstandes zu kommen. Bevor ihm dies gelingt, wird er auf der Höhe des Blattstandes mit einfachem Fiepton zum Stehen gebracht.

5) Vorbereiteter Blattstand in einem noch übersichtlichen Buchen-Altholz, hinter einer tiefbeasteten mittelstarken Buche mit freigeschnittenem Durchblick auf Augenhöhe. Der Stand liegt 60 m westlich einer 5 ha großen Laub-Nadelholzdickung, die sich von Ost nach West verjüngt. Die Windüberprüfung ergibt günstigen, von NO nach SO leicht drehenden Wind. Zahlreiche Plätzstellen sind vorhanden, kein Bock ist bekannt.

Der 1. Blattversuch mit Kitz-Schmalrehfiep und Sprengruf bringt am Vormittag gegen 11 Uhr und am Nachmittag gegen 16 Uhr (durch die anhaltende Hitzeperiode, 25° - 28°) keinen Erfolg.

Der 2. Versuch am nächsten Morgen gegen 6

Uhr auf demselben Stand. Geringe nächtliche Abkühlung auf 18°, wenig Taubildung, leichte Luftströmung von NO. Nach 5 erfolglosen Schmalrehfiepserien zwei Sprengrufserien, worauf ein Bock kurz am Dickungsrand erscheint, sich aber sofort wieder zurückdrückt, vermutlich, weil er kein Brunftgeschehen feststellen konnte. Durch das Rascheln mit einem Zweig im Laub tritt er wieder heraus und kann als 2–3jähriger, konditionsstarker Bock angesprochen werden. Er äugt und windet jedoch in Richtung Dickung, flüchtet dort hinein und wird deutlich hörbar getrieben. Der Territorialbock und der getriebene Jungbock (Sucher) flüchten weit nach Westen. Wegen zu großer Schußentfernung wird kein Halteversuch durch Sprengruf oder Geschrei gemacht. Der Altbock kehrt zurück, kommt in den Wind des Blattstandes und springt – auch durch Sprengruf nicht aufhaltbar – schreckend in seinen Einstand zurück.

Der 3. Versuch auf den Territorialbock erfolgt am übernächsten Tag, nachdem sich nach einer Gewitternacht die Atmosphäre um 9 Uhr bei Abkühlung auf 14° beruhigt hat. Windüberprüfung ergibt konstanten leichten Westwind. Daher wird ein behelfsmäßig hergerichteter Bodenstand im Osten der 60 m entfernten Dikkung eingenommen. Durch vorbereitende 5 Fiepserien und nachfolgenden Sprengrufserien mit angehängten Fieptönen, erscheint der gerufene Altbock, zieht auf den Blattstand zu und wird durch leisen Fiepton zum Stehen gebracht.

Grundsätzlich kann festgestellt werden, daß auf den Blattstand zögernd oder auch zügig zustehende Böcke durch einfachen Fiepton, sicher aber durch einen Sprengruf, der aber in der Lautstärke der jeweiligen Entfernung angemessen sein muß, zum Stehen gebracht werden können. Abspringende oder treibende Böcke können jedoch nur durch Sprengruf, oft aber nur noch durch das Geschrei angehalten werden.

# Besondere atmosphärische Erscheinungen

Mancher Jäger wird schon festgestellt haben, daß bei gewissen ruhigen Wetterlagen beim Ansitz auf dem Hochsitz das Wild von ihm keinen Wind bekommt, obwohl es rings um den Hochsitz zieht. Derartige Feststellungen können in späten Abendstunden oder am frühen Morgen auf Kulturen und Waldwiesen, sowie auf freiem Felde gemacht werden. Bei vorhandenem Wind dagegen erhält das Wild bekanntlich Witterung vom Hochsitz, sobald es in diesen Windbereich kommt, wobei die Höhe des Hochsitzes keine Rolle spielt.

Die Feststellung, daß bei heiterem, windschwachem Wetter die Witterung vom Hochsitz aus nicht zum Wild nach unten dringt, erklären die Meteorolog. Institute (Stuttgart und München) durch eine Bodeninversionsschicht (Sperrschicht), die sich ca. 1 Stunde vor Sonnenuntergang bis ca. 1 Stunde nach Sonnenaufgang auf „kaltluftbildenden Flächen“ bis auf Hochsitzhöhe und darüberhinaus ausbilden kann. Diese Erscheinung tritt auf Feldern oder Wiesen, Ödflächen und Kulturen im Walde auf, nicht aber in höheren Waldbeständen. Die Sperrwirkung der bodennahen Kaltluftschicht ist umso ausgeprägter, je mehr sich die Bodenoberfläche durch nächtliche Ausstrahlung abkühlen kann. Sie wird erst durch aufkommenden Wind oder intensivere Sonneneinstrahlung am Morgen wieder aufgehoben. Zu den genannten Tageszeiten kann die Sperrschicht bei der Brunft und auch in der übrigen Jahreszeit, beim Ansitz auf dem Hochsitz ausgenützt werden.

# Literatur


v. Bayern, A. und J.: Über Rehe in einem Steirischen Gebirgsrevier. J. Bauer Verlag, Hamburg.

Eisfeld, D.: Das Reh. Sonderdruck des Vereins zum Schutze der Bergwelt, München 1979.

Ellenberg, H.: Zur Populationsökologie des Rehes. Zeitschrift für Zoologie 1978.

Hennig, R.: Das Rehwildproblem in neuer Sicht. P. Haupt Verlag, Bern 1961.

Kurt, F.: Rehwild. BLV Jagdbiologie 1970.

Usinger, A. / Behnke, H.: Die Ruf-, Lock- und Reizjagd, 5. Auflage 1978. P. Parey Verlag, Hamburg und Berlin.